호기심 박사 재진이의 신나는 곤충 키우기

곤충 탐구생활

호기심 박사 재진이의 신나는 곤충 키우기

곤충 탐구생활

지은이 | 김재진　**그린이** | 최달수
펴낸이 | 곽미순　**기획·편집** | 이은영　**디자인** | 이미정

펴낸곳 | 한울림어린이　**편집** | 이은영 윤도경 김하나　**디자인** | 김민서 이정화　**마케팅** | 이정욱 심혜정　**관리** | 강지연
등록 | 2004년 4월 12일(제318-2004-000032호)　**주소** | 서울시 영등포구 당산로54길 11 래미안당산1차A 상가
대표전화 | 02-2635-1400　**팩스** | 02-2635-1415
홈페이지 | www.inbumo.com　**블로그** | blog.naver.com/hanulimkids

1판 1쇄 펴낸날 2010년 6월 20일
1판 5쇄 펴낸날 2015년 3월 3일

ISBN 978-89-91871-61-8　73810

이 도서의 국립중앙도서관 출판시도서목록(CIP)은 e-CIP 홈페이지(http://www.nl.go.kr/ecip)에서
이용하실 수 있습니다.(CIP제어번호: CIP2010002110)

* 잘못된 책은 바꿔드립니다.

호기심 박사 재진이의 신나는 곤충 키우기

곤충 탐구생활

김재진 글 | 최달수 그림

한울림어린이

집에서 키우며 관찰한 신기한 곤충의 세계

곤충들은 밤에 잠을 어떻게 잘까? 우리처럼 누워서 잘까, 아니면 매달려서 잘까? 그리고 먹이는 어떤 것을 어떻게 먹을까? 서로 말을 할까, 아니면 행동으로 표현할까? 새끼는 또 어떻게 낳지? 애벌레들은 움직이기 어려울 텐데. 나비는 입이 불편하지 않을까?

나의 곤충 기르기는 이런 호기심에서 비롯되었다. 비록 아파트에 살고 있긴 하지만, 아파트 화단만 해도 많은 곤충들이 살아가고 있어 관심만 갖는다면 곤충을 기르는 일이 그리 어려운 건 아니다.

곤충을 키우려면 곤충이나 애벌레들이 살고 있는 자연환경과 최대한 비슷하게 만들어 주어야 한다. 그리고 기르려는 곤충의 먹이는 무엇이며, 어떤 방법으로 먹

는지를 알아서 이에 맞추어 주어야 한다.

사육 환경에서 특히 중요한 점은 온도와 습도의 관리이다. 모든 곤충은 각각 가장 적당한 온도와 습도가 따로 있으므로, 그 종류에 따라 조건을 맞추어 주어야 한다. 어느 곤충이든 그것이 원래 살던 곳의 환경을 생각해 보면 잘 알 수 있다.

곤충 관찰은 놀랍고 재미있는 경험이다. 번데기 방을 지을 때 사슴벌레는 ⬭ 모양으로 방을 짓고, 장수풍뎅이는 ⬯ 모양으로 방을 짓는다. 나비가 번데기 방을 지을 때는 짓는 곳에 따라서 색이 바뀐다. 나비가 꿀을 먹을 때 모기처럼 빨대 같은 관이 동그랗게 접혀 있다가 펴지는 것도 신기하다. 모기 애벌레인 장구벌레는 고인 물 속에서도 먹고 살 수 있다는 사실이나, 암

모기는 피를 먹지만 숫모기는 식물의 수액과 꿀을 먹는다는 사실도 곤충을 키우며 알게 된 내용이다. 곤충들이 나름대로 생체 시계를 갖고 있어, 거의 비슷한 시기에 커 가며 변한다는 사실 또한 무척 신기하고 놀랍기만 했다.

관찰일기를 쓰다 보면 정말 힘든 점이 매일, 아니 하루에도 몇 번씩 생긴다. 특히 알 낳기나 허물벗기, 짝짓기 등의 특별한 순간을 포착하기 위해서는 끈질긴 기다림과 관심이 필요하다. 이런 과정을 사진과 기록으로 남겨야 한다는 것도 때론 귀찮을 때가 있다. 하지만 힘든 순간을 넘기고 난 다음에 찾아오는 깨달음과 보람은 어디서도 쉽게 느끼지 못하는 경험이란 생각을 많이 하곤 했다. 집에서 여러 종류의 곤충을 키우며 곤충들의 생활을 직접 관찰하는 일은 생각보다 훨씬

더 많은 것을 깨닫게 해 주기 때문이다.

그것은 책에서 읽었던 것과는 비교도 할 수 없는 곤충 세계에 대한 놀라움과 변하지 않는 자연의 이치이다. 곤충의 한살이를 보는 일은 한 생명의 탄생과 죽음을 경험하는 일과 같기 때문에, 생명의 소중함과 경이로움도 느낄 수 있었다.

앞으로도 더 열심히 곤충을 관찰하고 키우며 곤충일기를 써 나갈 생각이다. 이 책을 읽는 여러분도 우리 주변의 곤충들에 대해 많은 관심을 가졌으면 좋겠다.

곤충을 사랑하는 소년 김재진

차례

◆ 집에서 키우며 관찰한 신기한 곤충의 세계

반갑잖은 모기 키우는 재미

봄에 찾아온 불청객 · 14
장구벌레와의 첫 만남 · 16
모기를 키우는 게 이상하다고? · 17
모기는 무얼 먹고 살까? · 19
재진이의 관찰일기 · 22

이사하는 똑똑한 배추흰나비

애벌레를 입양하다 · 24
사라진 애벌레를 찾아라! · 27
배추흰나비가 되다 · 29
배추흰나비는 무얼 먹을까? · 31
나비 표본 만들기 · 32
곤충의 위장법 · 35
재진이의 관찰일기 · 36

자기 할 일은 알아서 척척! 똑똑한 개미

개미 소탕 작전을 벌이다 · 38
여왕개미가 눈앞에서 알을 낳다니 · 42
자기 할 일은 스스로 척척 · 43
본받을 게 많은 개미 · 46
곤충의 통신법 · 47
재진이의 관찰일기 · 48

갑옷 입은 전사 사슴벌레

넓적사슴벌레 키우기 · 50
사슴벌레에 물렸을 땐 어떻게 하지? · 53
싸움 대장 사슴벌레 · 56
곤충의 먹이 · 57
재진이의 관찰일기 · 58

신기하고 놀라운 곤충의 세계로~

만화보다 재미있는 곤충 키우기 · 72
곤충의 겨울나기 · 74
섬서구메뚜기 관찰 · 76
섬서구메뚜기의 특징 · 79
재진이의 곤충노트 · 80
  – 꽃무지
  – 누에
  – 사마귀

튼튼한 뿔이 멋있는 장수풍뎅이

장수풍뎅이도 따뜻한 봄이 그리웠는지 · 60
멋진 성충이 된 장수풍뎅이 · 62
천연기념물 장수풍뎅이 · 65
곤충 고수(?)가 되기까지 · 66
곤충의 한살이 · 69
재진이의 관찰일기 · 70

반갑잖은 모기 키우는 재미

봄에 찾아온 불청객

봄이 왔다. 꽃이 피었고 나무에 연한 초록색 빛을 담은 새싹이 어느새 솟아 나왔다. 그런데 바람은 아직 겨울을 보내기 싫은가 보다. 창가에 따뜻한 햇볕을 보면 친구들과 함께 나가 축구라도 한 판 하고 싶은데, *황사 때문에 체육 시간에도 바깥놀이는 꿈도 못 꾼다. 놀이터에도 아이들은 없다. 갈수록 황사 피해는 심각하다고 신문이며 뉴스에서 떠들

봄이 온 게 맞긴 맞나?

어 댄다. 숲이 파괴됐기 때문이란다.

숲이 파괴되면 우리가 살아가는 데 꼭 필요한 산소와 물도 사라지고, 나무와 풀, 야생 동물도 사라지게 된다. 그럼 산사태와 홍수가 쉽게 일어나고, 결국 사람도 사라질지 모른다.

그럼 곤충은 어떨까? 당연히 곤충에게도 황사의 피해가 있을 것이다. 풀을 먹는 곤충은 황사로 인해 풀잎에 쌓인 먼지까지 먹게 될 테고, 그건 그 속에 있는 중금속을 먹는 거나 마찬가지다.

중금속이 동물이나 식물의 몸에 쌓이면 나중에 독이 될 게 뻔하다. 인간도 황사 때문에 피해를 보는데,

황사가 뭐지?
주로 봄철에 중국이나 몽골의 사막에 있는 모래와 먼지가 바람을 타고 멀리 날아가는 현상을 말한다. 황사가 일어나면 호흡기 환자도 늘고, 항공이나 운수, 정밀 산업에 큰 피해를 입는다.

무서운 황사!

살아남기 위해 다~ 바꿔

이 세상에는 곤충이 얼마나 살고 있을까? 지금까지 보고된 자료에 따르면 약 140만 종의 동물 가운데 곤충이 무려 100만 종으로, 전체의 70%를 차지하고 있다고 한다. 어떻게 그 작은 몸집으로 그렇게 오랫동안 살아남을 수 있었을까? 그건 바로 먹이와 사는 환경에 따라 자신의 몸을 자유자재로 바꾼 데 성공의 열쇠가 있다.

그보다 약한 곤충들은 당연히 그 피해가 더 크겠지. 중금속을 이겨 내는 강한 곤충들만 살아남고 약한 곤충들이 모두 죽게 되면…… 곤충의 세계도 뒤죽박죽이 될 거다.

장구벌레와의 첫 만남

황사 때문에 꼼짝없이 집에 갇혀 뉴스를 보고 있는데, 아파트 정화조에 때 이른 모기들이 득실거린다는 보도가 흘러나왔다. 봄에 찾아온 불청객이 또 있다니! 갑자기 호기심이 일었다.

나는 도시에서 자랐기 때문에 지금까지 한 번도 *장구벌레를 본 적이 없다. 과학 교과서에서 사진으로 보긴 했지만, 실제로 본 건 아니니까 그 생김새나 특징을 잘 알지 못한다.

그러던 어느 날, 드디어 장구벌레를 직접 볼 수 있는 기회가 찾아왔다. 농업기술박물관에 있는 체험장에 갔다가, 마당의 한 연못에서 장구벌레를 발견한 것이다.

연못 안에 피어 있는 연꽃을 들여다보다가, 물 위에 붙어 있는 장구벌레가 눈에 띈 것이다. 야호!

장구벌레의 생김새는 너무 신기했다. 나는 얼른 장구벌레와 번데기 몇 마리를 잡아 물과 함께 가져왔다. 장구벌레는 이렇게 지저분하고 물의 온도가 높으며, 얕은 웅덩이나 연못에 많이 산다.

모기를 기른다는 것이 이상하기도 했지만, 장구벌레가 모기로 변하는 과정을 내 눈으로 지켜봐야만 궁금증이 풀릴 것 같았다.

장구벌레가 뭐지?
장구벌레는 모기의 애벌레를 말한다. 모기는 물 밖에서 살지만 장구벌레는 물속에서 산다. 크기는 약 4~7mm이며, 몸에 송충이처럼 잔털이 많다.

모기를 키우는 게 이상하다고?

집으로 돌아와 투명한 플라스틱 통에 장구벌레를 넣고 채집한 물을 반쯤 부은 뒤, 햇빛이 비치는 따뜻한 곳에 두었다. 장구벌레는 아가미가 없기 때문에 물 위에 올라와 배 끝에 달린 숨관으로 숨을 쉬고, 다시 잠수해서 자유롭게 돌아다닌다. 그래서 자주 물 표면에 붙어 거꾸로 매달려 있는데, 그

난 번데기야!

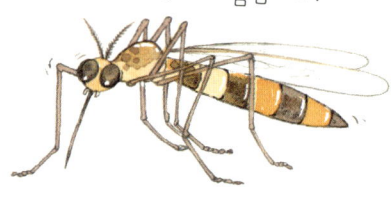
이래 봬도 나, 꽤 아름답다고!

모습이 정말 신기했다. 장구벌레는 번데기를 거쳐 어른벌레인 모기가 된다.

3~4일 지나자, 장구벌레는 쉼표처럼 생긴 번데기가 됐다. 번데기는 머리와 가슴 부분의 등에 숨관이 있어 공기 호흡을 하므로 등을 위로 한 채 떠 있었다.

2~3일이 더 지나자 드디어 모기가 나왔다. 등 쪽이 갈라지면서 허물을 벗더니, 모기가 쏙 빠져나오는 게 아닌가! 암모기와 숫모기가 모두 나왔는데, 숫모기의 더듬이가 새의 깃털처럼 아름다워서 진짜 놀랐다. 암모기는 주둥이가 꼭 뾰족한 바늘처럼 생겼다. 사람의 피부에 살짝 찌르기만 해도 피가 쭉쭉 빨려 올라갈 것 같다.

 대왕 모기라고?

다리가 길고 몸통과 날개도 모기와 쏙 빼닮은 곤충이 있다. 사람들은 대왕 모기가 나타났다고 법석을 떨기도 하는데, 그건 모기가 아니라 각다귀라고 불리는 곤충이다. 각다귀는 모기처럼 사람이나 동물의 피를 빨지 않기 때문에 전혀 무서워할 필요가 없다.

내가 모기를 키운다고 했더니, 친구들이 이상한 눈으로 나를 쳐다봤다. 모기를 기르는 게 얼마나 쉽고 재미있는데……. 단, 키울 때 통 밖으로 빠져나오지 못하도록 조심 또 조심해야 한다.

모기는 무얼 먹고 살까?

장구벌레는 보통 야외에서 물이 고여 있는 곳을 살펴보면 쉽게 찾을 수 있는데, 모기를 채집할 때 물을 함께 가져오면 특별한 먹이가 필요 없다. 장구벌레는 물속의 작은 미생물을 먹고 살기 때문이다.

그렇다면 모기는 무얼 먹고 살까? 우리가 아는 것처럼 피만 빨아 먹고 사는 걸까? 아니다. 모기는 암컷이건 수컷이건 식물의 즙이나 과일즙, 이슬을 먹고 산다. 그럼 왜 피를 빨아 먹는 걸까? 그건 암컷이 알에게 영양분을 주기 위해서다. 짝짓기를 마치고 알을 밴 암모기는 영양분이 필요한데, 사람이나 동물의 피에는 모기가 잘 자라도록 돕는

말라리아가 뭐지?
말라리아는 병균을 가진 말라리아모기에 물려 감염되는 전염병이다. 갑자기 열이 높고, 설사와 구토, 발작을 일으키며 빈혈 증상을 보인다.

뇌염이 뭐지?
보통 일본뇌염이라고 부르는데, 뇌염모기(작은빨간집모기)가 사람을 무는 과정에서 전염된다. 고열, 두통, 구토, 의식 장애 같은 증상을 보이다가 심하면 1~2주 안에 죽을 수도 있다.

단백질이 아주 많다. 이때 피를 빨면서 *말라리아나 *뇌염 등의 전염병을 옮기는 모기도 있기 때문에 사람들은 모기를 싫어하는 거다.

옛날에는 모기가 지금보다 3배 정도 컸을 거라고 한다. 지금까지 발견된 모기 화석을 연구해서 밝혀낸 사실이다. 지금보다 3배 큰 모기라니, 생각만 해도 오싹하다.

모기는 사람의 몸에서 나오는 열과 이산화탄소, 냄새를 아주 좋아한다. 그래서 몸에 열이 많은 어린이나 이산화탄소를 많이 내뿜거나 땀 냄새나 발 냄새가 많이 나는 사람을 더 잘 문다. 또 남자보다 여자를 더 좋아하는데, 그건 여성 호르몬이 나올 때 몸의 온도가 높아지기 때문이다. 화장품이나 향수 냄새도 모기가 좋아하는 거다.

배부른 모기?
사람의 피를 빤 모기는 몸이 무거워서 멀리 날아가지 못한다. 모기에 물렸을 때, 주변의 벽을 자세히 살펴보면 쉬고 있는 모기를 발견할 수 있다.

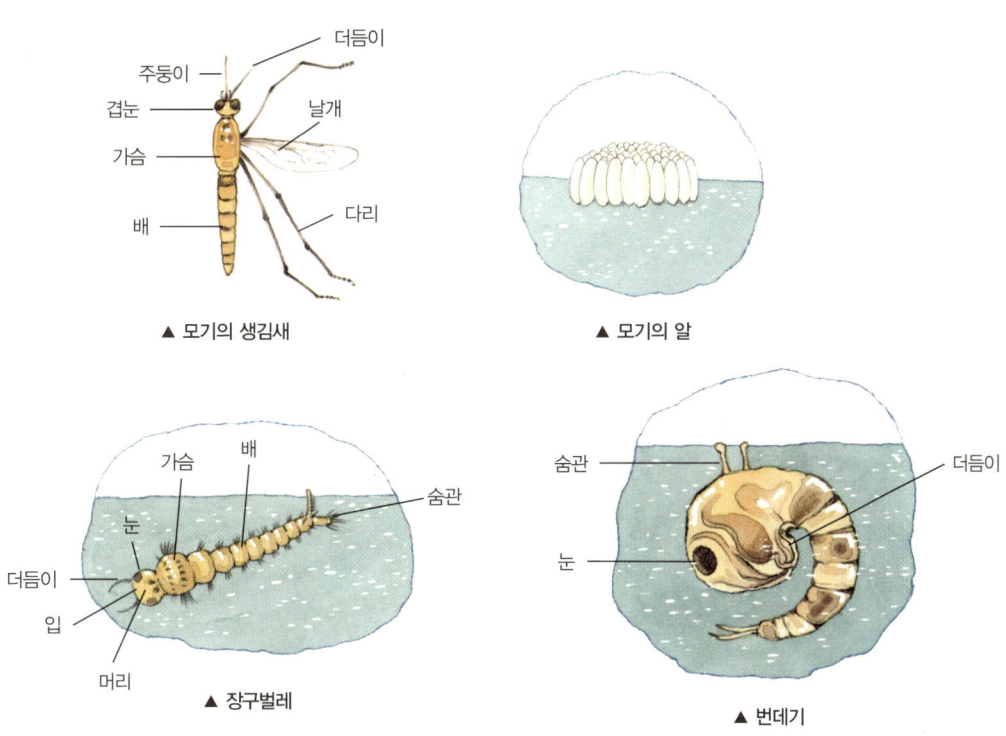

▲ 모기의 생김새

▲ 모기의 알

▲ 장구벌레

▲ 번데기

21

재진이의 관찰일기

7월 9일

농업기술박물관 맨발 체험장 입구 연꽃 연못에서 장구벌레와 번데기 6마리를 잡아 왔다. 워낙 빠르게 움직여서 잡기 어려웠다.

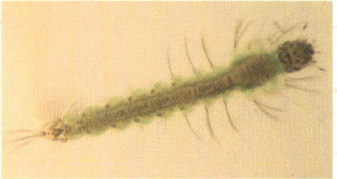

장구벌레

물 표면에 붙어 있는 번데기와 장구벌레

7월 12일

장구벌레 3마리가 번데기로 변했다. 번데기 2마리가 먼저 암, 수 2마리의 모기가 되었다. 번데기의 모습이 너무 작아 자세히 보기는 어려웠는데, 꼭 에어리언같이 생겼다.

7월 13일

나머지 장구벌레 1마리가 허물을 벗고 번데기로 변했다.

허물 벗는 장구벌레

7월 14일

저녁에 보니 모두 모기가 되어 컵에 붙어 있었다. 밖으로 나와 피를 빨까 봐 조금 무서웠다. 다시 한 번 뚜껑이 잘 닫혔나 확인하고 자세히 관찰하니, 암모기의 주둥이가 뾰족해 보였다. 숫모기의 더듬이는 새의 깃털처럼 예쁘게 생겼다.

숫모기(좌) | 암모기(우)

꽃의 꿀을 빨아 먹는 모기

7월 16일

숫모기 1마리가 죽었다.

7월 17일

모기가 모두 죽었다. 기분이 울적하다.

사람의 피를 빠는 모기

이사하는 똑똑한 배추흰나비

애벌레를 입양하다

나는 이따금 엄마, 아빠와 함께 주말농장에 찾아가 씨를 뿌리고, 흙을 고른다. 주말농장에 가면 생각보다 뿌듯한 보람을 얻기 때문이다. 그런데 올해 초에 나와 엄마, 아빠는 주말농장에 갈까 말까 고민해야 했다. 엄마, 아빠는 일이 너무 바빴고, 나 역시 학교 공부에 학원에 정신없으니까. 그런데 결국 내가 농장에 가자고 말했다. 농장에 가면 채소에 붙어살고 있는 다양한 곤충들을 관찰할 수 있기 때문이다. 그 중에서 제일 재미있는 곤충은 나비다.

배추흰나비는 나비 중에서도 아주 쉽게 볼 수 있는 나비다. 배추흰나비가 있는 곳이면 알은 어디에서든 쉽게 채집할 수 있다. 나비가 날아다니는 모습을 자세히 관찰하면 알을 낳고 있는 나비를 찾을 수 있다. 나비 한 마리가 배추나 열무 잎에 엉덩이를 살짝 대고 앉았다가, 잠시 뒤 또 다른 곳으로 옮겨 앉으면 알을 낳고 있는 것이다.

빨리 낳고 다른 곳으로 가자!

배추흰나비는 해충?
배추흰나비의 애벌레는 배추 잎이나 무 잎 등 농작물을 먹기 때문에 해충이지만, 나비는 꽃가루를 옮겨 열매를 맺게 해 주는 이로운 곤충이다.

앗, 곤충이닷!

곤충이라면 죽고 못 사는군!

그런데 왜 배추흰나비는 알을 한곳에다 낳지 않고 여러 곳을 돌아다니며 하나씩 낳는 걸까? 알에서 깨어난 애벌레가 먹이를 두고 다른 애벌레와 경쟁하지 않도록 하기 위해서란다. 정말 똑똑한 곤충이다.

배추흰나비는 알을 잎의 뒷면에 낳는다. 알이 잘 마르지 않게 하고, 또 다른 곤충의 눈에 잘 띄지 않도록 보호하기 위해서란다. 잎의 뒷면에 붙은 알은 노란색인데, 겉에 줄무늬가 있어 꼭 옥수수처럼 보인다.

알이 붙어 있는 잎사귀를 그대로 가져와 물에 꽂아 놓으면 5일쯤 지나 꽃봉오리가 터지듯이 알에서 애벌레가 깨어난다. 깨어나자마자 애벌레는 자신의 흔적을 없애기 위해 알껍데기를 먹어 치운다. 눈에 보일락 말락 한 녹색 애벌레는 잎에 숨어서 열심히 먹이도 먹고, 똥도 누면서 무섭게 커 나간다.

사라진 애벌레를 찾아라!

나는 농장에서 잡아 온 배추흰나비 애벌레를 집으로 가져와 부엌 창가에 두었다. 물이 담긴 컵에 배추 잎을 꽂아 놓고 애벌레를 키웠다. 농장에서 열심히 배추를 가져다주었더니 아주 잘 먹는다. 몇 차례 *허물벗기도 하면서 쑥쑥 커 가는 통통한 애벌레를 보니 너무 뿌듯했다. '언제쯤 나비가 될까?' 하는 기대감으로 가슴이 잔뜩 부풀어 올랐다.

쑥쑥 자라네!

그러던 어느 날, 학교에서 돌아와 보니 이럴 수가! 애벌레가 모두 사라지고 없는 게 아닌가! 내가 너무 방심한 것이다. 가두어 키우는 것이 불쌍해서 그냥 뚜껑이 없는 컵에서 키운 건데…… 그동안 먹이고 키우느라 들인 정성을 생각하니 너무 속이 상해서 울고 싶었다.

'어디서 찾아야 하나?' 속상해하면서 부엌 창틀

허물벗기가 뭐지?
곤충의 피부는 한번 딱딱하게 굳고 나면 늘어나지 않기 때문에 애벌레는 자라면서 낡은 피부를 벗어 버리고 몸의 크기에 맞는 새로운 피부를 갖게 되는데, 이를 허물벗기(탈피)라고 한다.

주변을 탐색하던 중, 드디어 3마리 중 2마리를 찾았다. 하나는 고추장 병 가운데, 또 하나는 꿀 병 뚜껑 상표 위에 실을 뽑아 몸을 붙이고 있었다. 벌써 번데기로 변한 상태로 말이다. 그런데 신기한 것은 똑같은 애벌레에서 번데기가 되었는데도 번데기의 색이 다르다는 것이었다. '아하! 애벌레에서 번데기로 변할 때에는 움직일 수가 없으니까, 숨어 있을 만한 안전한 곳으로 이사를 간 거구나. 그리고 눈에 잘 띄지 않게 주변과 비슷한 색으로 위장도 하고!' 나비는 참 똑똑하고 슬기로운 곤충이다.

곤충의 탈바꿈

- **완전탈바꿈** : 알에서 깨어난 애벌레가 자라면서 반드시 번데기 단계를 거쳐 어른벌레가 되는 것을 말한다. 나비, 벌, 파리, 딱정벌레 무리 등이 완전탈바꿈을 한다.
- **불완전탈바꿈** : 완전탈바꿈과 달리 애벌레에서 번데기로 넘어가지 않고 곧바로 어른벌레가 되는 것을 말한다. 잠자리, 메뚜기, 매미, 노린재 등이 불완전탈바꿈을 한다.

배추흰나비가 되다

나비 애벌레가 안전하다고 생각되는 곳(고추장 병)에 실을 뽑아 *고치를 지은 지도 6일이 지났다. 나비는 완전탈바꿈을 하는 곤충이다. 시간이 지남에 따라 원래의 모습이나 형태가 바뀌는 것을 '탈바꿈(변태)'이라고 하는데, 나비는 알→애벌레→번데기→어른벌레의 네 과정을 모두 거치는 완전탈바꿈을 한다. 그중 제일 신기한 변화는 번데기 상태에서 일어난다. 애벌레의 겉이 딱딱한 껍데기로 변하면서 그 속에 있는 몸이 모두 완전히 녹아 액체로 바뀌기 때문이다. 너무 놀랍고 신기하다.

이 액체에서 새로운 기관들이 생겨나고, 점점 나비의 형태가 보이면서 날개에도 점무늬가 나타난다. 점점 뚜렷해지는 고치의 색을 보면서, 언제 나비가 나올지 몰라서 초조한 마음이 들었다. 그 생생한 현장을 꼭 내 눈으로 직접 봐야 하는데…….

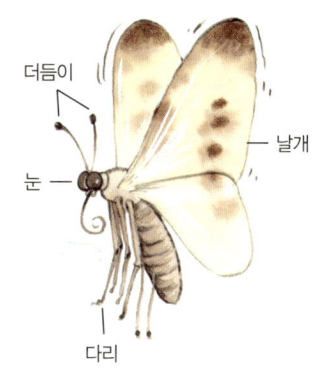

고치가 뭐지?
벌레가 실을 내어 지은 집을 말한다. 움직이지 못하는 곤충의 알이나 애벌레, 번데기를 보호하는 역할을 한다. 누에의 고치는 명주실을 뽑아내는 원료로 쓰이기도 한다.

그렇게 초조한 마음으로 기다리던 어느 날, 결국 일이 벌어지고 말았다. 아침에 일어나자마자 부엌으로 달려갔더니 고치가 투명한 색으로 변해 있는 게 아닌가! 혹시 잘못되었나 싶어 조심스럽게 만져 보니 '부스럭' 소리가 났다. 알고 보니 껍데기만 남아 있는 거였다. 나는 '휴' 하고 안도의 한숨을 쉬었다. 나비가 되는 현장을 보지는 못했지만, 어쨌든 나비가 된 건 확실하니까. 나는 안심하고 나비를 찾았다.

부엌 천장을 둘러보던 중 스프링클러에 앉아 있는 나비를 발견했다. 나는 미리 준비해 둔 사육통을 가져다 놓고, 침착하게 잠자리채를 들고 의자에 올라가 조심스럽게 나비를 사로잡았다. 그리고 재빨리 통 안으로 집어 넣었다.

배추흰나비는 무얼 먹을까?

학교에 갔지만 온통 나비 생각뿐이었다. 이제 어른벌레가 되었으니 먹이도 더 많이 먹을 텐데, 어떤 먹이를 주어야 할지 걱정이었다. 집에 돌아오자마자 인터넷 검색으로 나비 먹이 주는 방법을 찾았다. 나비는 꿀을 물과 섞어서 분무기로 뿌려 주면 잘 먹는다고 나와 있었다. 인터넷에서 얻은 정보대로 분무기에 꿀물을 넣고 뿌려 주었더니, 나비는 기다렸다는 듯이 빨대 같은 대롱을 쭉 펴고 꿀물 방울을 빨아 먹기 시작했다. 우리가 빨대로 음료수를 먹는 것과 똑같았다. 평소에는 동그랗게 말려 있던 대롱이 먹을 때만 일자로 쭉 펴졌

꿀물이 좋아~

배추흰나비의 한살이
알 : 5~7일
애벌레 : 15~20일
번데기 : 7~10일
어른벌레 : 24~28일

나비가 좋아하는 먹이는 달라!

- 네발나비 – 환삼덩굴
- 배추흰나비 – 배추, 무, 양배추
- 제비나비 – 황벽나무
- 호랑나비 – 귤나무, 산초나무, 탱자나무
- 줄점팔랑나비 – 벼
- 꼬리명주나비 – 쥐방울덩굴
- 긴꼬리제비나비 – 산초나무, 초피나무

다. 내가 키운 애벌레가 나비가 되어 꿀물을 빨아 먹고 있는 모습을 보니 감격스럽고 신기했다. 옛날에는 꽃 속에 대롱을 넣어 꿀을 먹고 있는 나비가 하나도 신기하지 않았는데 말이다.

나비 표본 만들기

시간이 지나자 기르던 나비가 죽었다. 이제 어쩐담? 죽었지만 날개는 여전히 멋있고 아름다웠다. 그때 떠오르는 생각! 맞다, 표본 만들기! 먼저 죽은 나비를 날개가 망가지지 않도록 잘 펴서 *삼각지에 넣고 보관한다.

나비는 장수풍뎅이나 사슴벌레와는 생김새부터가 달라서 표본 방법이 약간 다르다. 나비 표본의 핵심은 바로 '날개와 더듬이'에 있다. 그래서 날개를 받쳐 줄 전시판(스티로폼)과 유산지가 필요하다. 그리고 곤충 핀과 핀셋도 있어야 한다.

그런데 딱 붙어 있는 나비 날개를 어떻게 펼 수 있을까? 이때 필요한 것이 바로 몸을 부드럽게 만드는 연화 작업이다. 알코올을 주사기에 넣어 나비 몸통에 주사하는 방법도 있지만, 나는 그냥 따뜻한 물(약간 뜨거운 물이라도 상관없다.)에 나비 몸통을 담가 충분히 연화시키기로 했다. 핀셋을 사용하여 나비 날개를 잡고 2~3분 정도 물에 담그면 날개를 펼 수 있다.

연화 작업이 끝난 뒤 날개를 펴는데 손이 부들부들 떨렸다. 부서질까, 망가질까 조마조마했다. 나비 날개를 다 펴니 '아! 날개의 앞면과 뒷면의

초간단 삼각지 만들기
① 적당한 크기의 직사각형 종이를 준비한다.

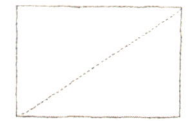

② 대각선으로 접는다.

③ 삐져나온 부분을 삼각형 모양이 되도록 접는다.

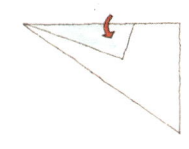

색이 이렇게 다르다니!' 하고 감탄사가 저절로 나왔다.

하지만 그것도 잠시, 굳기 전에 어서 모양을 다듬어야 했다. 나비를 좌우 대칭이 되도록 위아래 날개를 맞추어서 전시판에 놓고 유산지를 덮었다. 그 다음, 날개가 손상되지 않도록 주의하면서 모양을 따라 곤충 핀을 꽂았다.

참, 이때 전시판에 라벨을 붙여서 언제, 어디서, 누가 잡았는지는 꼭 기록해 두어야 한다. 그러고 나서 그늘지고 환기가 잘 되는 곳에서 말리면 끝!

나방과 나비의 차이점

	나비	나방
날개	앞날개, 뒷날개로 나뉘어 있다	앞날개, 뒷날개가 연결되어 있다
더듬이	곤봉 모양	실, 깃털, 빗살 모양
몸통	날씬하다	통통하다
색	밝고 화려한 색	갈색, 검은색 등 칙칙한 색
앉을 때 모양	날개를 접고 앉는다	날개를 펴고 앉는다
활동 시간	낮	밤

곤충의 위장법

❶ 몸 색깔이 변해요
방아깨비는 가을이 되면 점점 갈색을 띠기 시작해서 주변과 비슷한 빛깔로 변한다. 이처럼 다른 동물의 눈에 띄지 않도록 주위와 맞춘 몸 빛깔을 '보호색'이라고 한다.

❷ 자연 환경을 닮아요
자벌레나 대벌레는 몸을 똑바로 뻗으면 나뭇가지와 똑같다. 이처럼 나뭇가지나 낙엽, 꽃잎을 닮아서 천적의 눈을 따돌리는 곤충들이 많다.

❸ 힘센 동물을 흉내 내어요
꽃등에나 호랑하늘소는 침을 지닌 벌의 흉내를 내어서 자기 몸을 보호하고, 공작나방은 날개에 부엉이 눈처럼 생긴 무늬가 있어서 적이 접근하지 못하도록 한다.

❹ 맛없는 음식으로 보여요
호랑나비의 애벌레는 맛없어 보이는 새똥과 비슷한 모양으로 위장해서 위험을 피한다. 맛없는 물질을 내는 무당벌레의 붉은색을 닮은 곤충도 있다.

❺ 죽은 척해요
바구미는 새가 다가오면 나무 밑으로 뚝 떨어져 한동안 꼼짝도 하지 않고 누워 있는다. 새와 같은 동물은 주로 움직이는 걸 먹기 때문에 미처 피하지 못하면 발라당 뒤집어서 죽은 척하는 거다.

재진이의 관찰일기

8월 13일

주말농장에서 배추흰나비가 열무에 낳은 알을 잎사귀와 함께 가져왔다. 알은 총 3개이다.

옥수수처럼 생긴 배추흰나비의 알

8월 18일

알에서 아주 조그만 애벌레가 나왔다. 배추 잎을 먹고 무럭무럭 자라는 걸 보니 신기하다.

배추 잎을 먹는 애벌레

8월 25일

먹이가 다 떨어져 걱정이다. 농장에 다시 다녀와야겠다. 전에 뽑아 온 얼갈이배추를 넣어 주었더니, 하얀 줄기까지 다 먹어 치웠다. 무지 배가 고팠나 보다.

9월 3일

학교에 다녀오니 애벌레가 모두 사라졌다. 하루 종일 찾았는데, 저녁이 되어서야 발견했다. 고추장 병과 꿀 병에 붙어 번데기로 변하고 있었다. 그런데 번데기의 색깔이 달랐다.

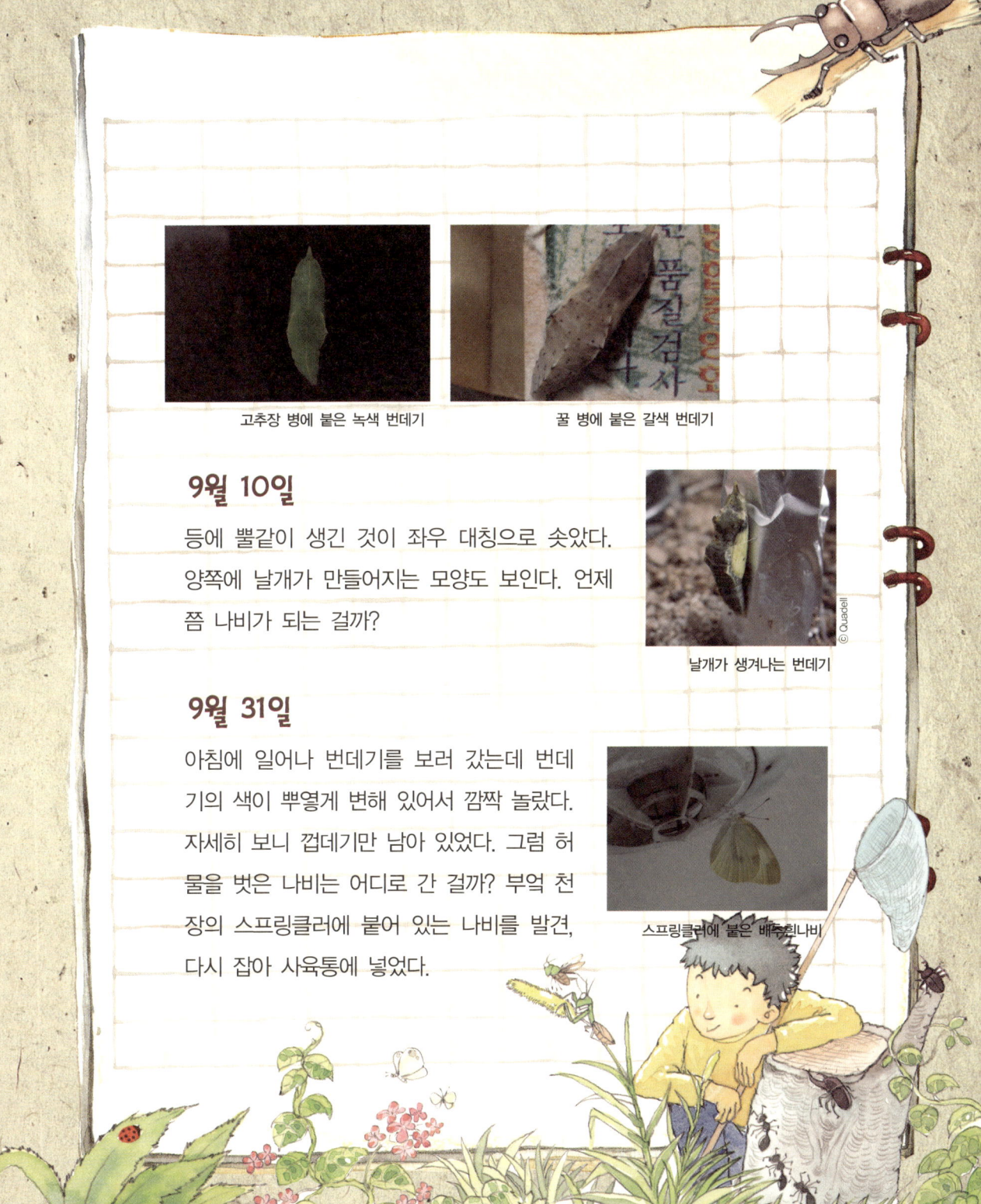

고추장 병에 붙은 녹색 번데기   꿀 병에 붙은 갈색 번데기

9월 10일

등에 뿔같이 생긴 것이 좌우 대칭으로 솟았다. 양쪽에 날개가 만들어지는 모양도 보인다. 언제쯤 나비가 되는 걸까?

날개가 생겨나는 번데기

9월 31일

아침에 일어나 번데기를 보러 갔는데 번데기의 색이 뿌옇게 변해 있어서 깜짝 놀랐다. 자세히 보니 껍데기만 남아 있었다. 그럼 허물을 벗은 나비는 어디로 간 걸까? 부엌 천장의 스프링클러에 붙어 있는 나비를 발견, 다시 잡아 사육통에 넣었다.

스프링클러에 붙은 배추흰나비

자기 할 일은 알아서 척척! 똑똑한 개미

개미 소탕 작전을 벌이다

어젯밤에 이상한 꿈을 꾸었다. 책 속 주인공처럼 내가 작아져서 개미집에 들어가는 꿈이었다. 그곳에서는 개미들이 열심히 일을 하고 있었고, 나도 개미들과 함께 일도 하고 재미있게 놀고 있었다. 꿈에서 깨니 예전에 개미를 키웠던 기억이 새록새록 떠올랐다.

개미를 키우게 된 건 베란다에 줄지어 다니는 개미 무리를 발견하면서부터였다. 우리 집 베란다에는 여러 화분을 키우고 있었는데, 어느 날 어디에서 생겼는지 개미들이 이 화분 저 화분으로 줄을 지어서 옮겨 다니고 있었다. 어떤 때는 거실 식탁까지 들어오는 녀석도 있었다. 아마 길을 잃은 모양이었다.

나는 개미 소탕 작전에 들어갔다. 일단 *개미집이 어디인지 밝혀내는 게 첫 번째 숙제였다. 며칠 동안 주의 깊게 살펴본 결과, 난 화분 가운데 하나에 개미집이 있는 것 같았다. 그런데 개미들을 죄다 소탕해서 쫓아내기엔 뭔가 아쉬움이 많이 남았다. 이번 기회에 개미를 제대로 관찰해 보는 게 좋겠다는 생각이 들었다.

그래서 개미집을 만들기로 했다. 개미와 개미집을 관찰하기 좋은 투명 상자가 무엇이 있을까 고민하다가 좋은 생각이 떠올랐다. 시디 케이스에 구멍을 뚫어 입구를 만들고, 투명 테이프로 막아 개미집을 만들기로 한 것! 꽤 괜찮은 아이디어였다.

집을 만들었으니 이제 화분을 쏟아

개미집이 뭐지?
개미집은 일개미들이 땅 속에 흙을 파서 만드는데, 여왕개미 방, 알 방, 애벌레 방, 고치 방, 먹이 창고, 수개미 방, 쓰레기 방 등이 따로 나뉘어 있다. 구조는 보통 미로식으로 되어 있고, 도망칠 때를 대비해 각 방마다 개미집 입구로 통하는 통로가 있다.

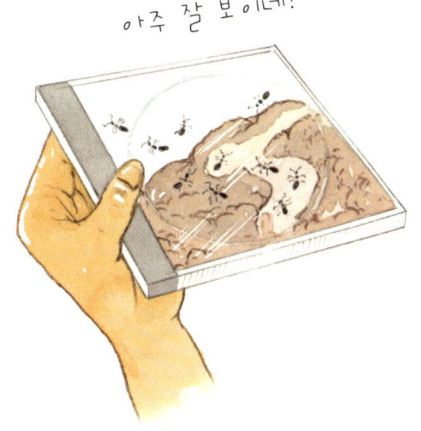

아주 잘 보이네!

서 여왕개미를 잡는 일만 남았다.

　개미집이 있는 화분을 들고 1층 화단으로 내려가 바닥에 커다란 흰 종이를 깔고 흙을 쏟았다. 개미들과 알이 흙과 함께 뒤섞여 쏟아졌다. 개미들은 그 와중에도 알을 가지고 어디론가 가기 위해 바삐 움직였다.

　먼저 몇 마리 일개미와 알을 집어 흙과 함께 시디 케이스에 넣고 뚜껑을 닫았다. 그리고 바닥에 엎드려서 정신없이 돌아다니는 개미 속에서 여왕개미를 찾기 시작했다.

　지나가던 사람들마다 뭘 하냐고 물어보았다. 여왕개미를 찾는다는 말에 아이들이 하나, 둘 모여들었지만 시간이 지나도 찾지 못하자 금세 다 가 버렸다. 나도 거의 지쳐서 그만 포기할까 생각하는 순간, 야호! 숨어 있던 여왕개미가 드디어 모습을 드러냈다.

　조심스럽게 여왕개미를 잡아

시디 케이스에 넣었다. 상자 안에 있던 일개미들은 흩어져 있는 알의 위치를 어떻게 알았는지, 모두 찾아서 한곳에 모아 놓고 있었다. 어느새 일개미 몇 마리는 여왕개미가 몸을 움직이기 편하도록 흙을 이리저리 치워 주면서 방을 만들고 있었다.

한 시간쯤 지난 뒤, 어떻게 되었나 싶어 시디 케이스를 들여다보았다. 놀랍게도 알을 모아 두었던 곳의 위치가 또 바뀌어 있었는데, 번데기 방과 알 방이 서로 나뉘어 있는 게 아닌가! 너무 신기하고 놀라웠다.

개미지옥, 개미귀신

명주잠자리의 애벌레는 깔때기 모양으로, 길앞잡이 애벌레는 원통 모양으로 함정(개미지옥)을 판 뒤, 굴 속에 숨어 있다가 지나가는 먹잇감을 덮친다. 이때 가장 많이 걸려 드는 것이 개미이기 때문에 이 두 애벌레를 '개미귀신'이라고 부른다.

여왕개미가 눈앞에서 알을 낳다니

다음 날 아침, 일어나자마자 시디 케이스를 들여다보았다. 또다시 알과 번데기 방, 여왕개미 방의 위치가 바뀌어 있었다. 더 놀라운 것은 내 눈앞에서 여왕개미가 *알을 낳고 있다는 사실이었다.

여왕개미는 쉬지도, 움직이지도 않고 계속 알을 낳았다. 나는 침을 꼴깍 삼키며, 조용히 알 낳는 모습을 관찰했다. 여왕개미가 알을 낳으면 기다리고 있던 일개미가 알을 방으로 옮기고, 또 다른 일개미는 여왕개미에게 먹이를 가져다주었다. 어찌나 신속하고 일사불란하게 움직이는지 놀라울 따름이었다.

그런데 여왕개미는 왜 꼼짝도 하지 않고 알만 낳는 걸까? 원래 움직이지 못하는 걸까?

영차, 영차!

여왕님, 힘내세요!

에구에구, 힘들어!

자료를 찾아보니 여왕개미는 자신의 에너지를 모두 알 낳는 데 쓰느라 움직일 수가 없다고 한다. 화장실도 가지 않고 그 자리에서 해결해야 할 정도로 말이다. 정말 대단하다.

자기 할 일은 스스로 척척

개미집을 관찰하면서 발견한 또 한 가지 놀라운 사실은 각각의 역할이 정해져 있다는 것이다. 음식을 찾는 개미, 어린 개미와 알을 돌보는 개미, 보초를 서는 개미 등으로 나뉘어 각자 자기가 맡은 일만 하는 거다. 이런 일개미들은 대부분 짝짓

개미알이 궁금해!
개미알은 보통 하얀색 혹은 노란색의 길쭉한 타원형 모양이다. 해마다 수백만 개의 알을 낳는 여왕개미도 있다.

결혼 비행이 뭐지?
꿀벌이나 개미가 짝짓기를 위하여 하는 비행을 말한다. 여왕개미가 결혼 비행을 떠나면 수개미들이 함께 하늘 높이 날아올라 비행 중에 짝짓기를 한다.

신기한 개미 사회

개미 사회는 여왕개미, 일개미, 수개미로 구성되어 있다.
- **여왕개미** : 알을 낳고 종족을 번식시키는 일을 한다.
- **일개미** : 집을 짓고 청소를 하고 먹이를 구해 오고 여왕개미와 어린 개미들을 돌본다. 머리가 크고 큰턱이 발달하여 적과 잘 싸우는 일개미는 병정개미가 되어 적의 침입을 막는다.
- **수개미** : 평생 다른 일은 하지 않다가 *결혼 비행 때만 집 밖으로 나와 여왕개미와 짝짓기를 한 뒤 바로 죽는다.

기를 할 수 없는 암컷 개미들이다. 수개미는 번식을 위해 필요한 만큼만 태어나고, 짝짓기 뒤에는 곧 죽는다.

내가 마구잡이로 선택해서 길렀는데도 어떻게 금세 자기가 해야 할 일을 척척 알아서 해내는 걸까? 마치 누군가 옆에서 질서를 잡아 주는 것처럼 말이다. 혹시 그게 바로 개미가 이 지구상에서 오랫동안 살아남을 수 있었던 이유가 아닐까?

개미는 페로몬을 이용해 의사소통을 한다고 한다. 페로몬은 곤충들이 뜻을 주고받기 위해 퍼뜨리는 독특한 냄새가 나는 화학 물질을 말한다. 개미는 길을 잃어버리지 않기 위해 이동할 때 페로몬을 뿌리며 돌아다닌다. 돌아올 때도 반드시 페로몬이 뿌려진 길을 따라 이동한다. 이것을 길잡이 페로몬이라고 한다. 그 밖에도 위험 신호를 보내거나, 위치를 알려 주거나, 이성을 유혹할 때도 페로몬을 사용한다.

위험 신호를 어떻게 보내냐고? 개미를 눌러 으깨

서 죽이면 놀랍게도 개미의 몸에서 경고 페로몬이 흘러나와 주변 개미들에게 공격 신호를 보낸다. 냄새로 먼 곳에 있는 다른 개미들을 부르는 거다. 정말 똑똑하다. 아마 각자 할 일을 척척 알아서 해내는 것도 페로몬을 통해서 여러 가지 정보를 주고받기 때문일 것이다.

사회성 곤충이 뭐지?
꿀벌이나 개미처럼 집단으로 똘똘 뭉쳐서 계급을 이루고 사는 곤충을 말한다. 같은 종끼리 서로 일도 나누어 하고, 함께 도우면서 생활한다.

본받을 게 많은 개미

우리가 길을 가다 친구들을 만나면 어디 가냐고 물으며 인사를 건네는 것처럼, 개미들도 서로 더듬이를 부딪치며 동료들에게 소식을 전한다. 또 머리에 있는 톱니 모양의 큰턱으로 적을 공격하거나, 먹이를 집으로 옮긴다.

개미들은 먹이를 발견하면 혼자 먹는 게 아니라 재빨리 동료들에게 알린다. 연락을 받고 달려온 개미들은 자기보다 몸집이 수십 배나 큰 상대라도 한꺼번에 달려들어 닥치는 대로 물어뜯으면서 싸운다. 죽은 벌레는 나르기 쉽게 토막을 내어 집으로 가져와서 여왕개미나 다른 일개미들에게 나누어 준다. 개미를 기르고 관찰하면서, 아주 작은 개미에게도 본받을 것이 참 많다는 생각을 여러 번 하게 되었다.

서로 돕고 사는 진딧물과 개미

진딧물은 뾰족한 입을 식물의 줄기에 찔러 나무의 수액을 빨아 먹고 꽁무니로 단물을 내보낸다. 개미는 이 단물을 공짜로 얻어먹는 대신, 진딧물을 닥치는 대로 잡아먹는 무서운 천적인 무당벌레를 쫓아 버린다. 이처럼 서로 도움을 주고받으며 살아가는 관계를 '공생 관계'라고 한다.

곤충의 통신법

❶ 울음소리에 뜻을 실어요
매미, 귀뚜라미, 메뚜기처럼 우는 곤충은 소리로 대화를 한다. 이 곤충들은 작은 공기의 흐름도 알아차릴 정도로 예민한 귀를 가지고 있다.

❷ 냄새로 대화를 나누어요
울지 못하는 곤충은 독특한 냄새를 풍기는 페로몬을 퍼뜨려 대화를 나눈다. 공작나방 암컷은 수컷을 부를 때 페로몬을 퍼뜨려 수십 킬로미터 밖에서도 수컷이 냄새를 맡고 찾아오게 한다.

❸ 빛을 이용해 통신해요
반딧불이는 배마디에서 빛을 반짝거리며 통신을 한다. 수컷이 불빛을 짧게 깜빡거리면 암컷은 길게 한 번 깜빡거려 서로 위치를 확인한다.

❹ 춤을 춰서 자기 뜻을 알려요
꿀벌은 먹이가 있는 장소를 발견하면 엉덩이춤을 춰서 다른 동료들에게 알린다. 만약 먹이가 가까운 곳에 있으면 빙빙 빨리 원을 그리며 돌고, 먼 곳에 있으면 크게 8자를 그리며 돌아 거리를 알려 주기도 한다.

재진이의 관찰일기

5월 2일

오전 11:00 베란다 화분을 따라 줄지어 가는 개미를 발견했다. 개미집이 어디인지 궁금해서 주저앉아 살펴보았다. 이리저리 움직이던 개미들이 난 화분으로 모였다. 드디어 개미집을 찾아냈다.

난 화분에서 개미집 발견

오후 1:30 아파트 마당에 화분을 들고 나가 신문지를 깔고 흙을 쏟아 보았다. 난 뿌리에 얼굴을 가까이 가져가자, 일개미들이 허둥지둥 움직이는 모습이 보였다. 여왕개미를 찾아야 한다.

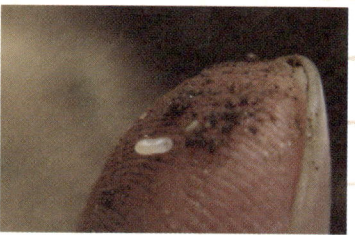
손가락 위에 올려 놓은 개미알

오후 2:00 눈앞이 빙빙 돌고 머리가 아프고 토할 것 같다. 하지만 아직도 여왕개미는 보이지 않는다. 준비해 둔 시디 케이스에 일개미와 알을 몇 마리 잡아넣었다.

개미를 기르기 위한 시디 케이스

오후 2:15 난의 뿌리와 뿌리 사이에서 드디어 여왕개미를 발견했다. 일개미보다 2배나 크다. 그때의 기쁨이란!

5월 3일

오전 8:00 일어나 보니 여왕개미와 알 방과 번데기 방의 위치가 바뀌어 있었다. 그리고 얼마 뒤, 여왕개미가 알을 낳기 시작했다. 일개미들이 여왕개미가 낳은 알을 받아서 알 방으로 옮겼다.

진딧물의 단물을 빨아 먹는 개미

흩어져 있는 알을 정리하는 일개미들

오후 4:00 일개미들이 모두 흙 위로 나와서 벽에 붙어 있다. 꼼짝도 하지 않는다. 혹시 햇빛을 쬐기 위해서일까?

오후 8:00 조그만 알부터 애벌레, 번데기까지 모두 벽에 붙여 놓았다. 번데기를 관찰하다가 눈이 생긴 것을 발견했다. 올챙이와 닮았다. 개미로 변하는 모습이 너무 잘 보인다. 가운데 있는 작은 알 옆으로 여왕개미도 보인다.

갑옷 입은 전사 사슴벌레

넓적사슴벌레 키우기

사슴벌레는 농장에서 쉽게 분양을 받을 수 있는 곤충이다. 또, 종류가 다양하고 수명이 길어 관찰하기 좋기 때문에 내 친구들도 많이 키운다. 딱딱한 *갑옷과 뿔로 무장을 한 씩씩한 모습 때문에 언제나 보기만 해도 든든한 느낌이 드는 녀석이다. 나는 이번에 사슴벌레 중 가장 큰 넓적사슴벌레를 키워 보기로 했다.

사슴벌레를 직접 채집하려면 산 속 큰 참나무 주변을 뒤져야 한다. 참나무의 상처 난 곳에서 흐르는 진(수액)은 녀석들이 무척 좋아하는 영양식이기 때문이다. 가끔 썩은 나무 속을 잘 살펴보면 그 속에 살고 있는 애벌레를 발견할 수도 있다.

그런데 사슴벌레 채집은 생각처럼 쉽지 않다. 일단, 애벌레를 채집하려면 사슴벌레가 알을 낳은 흔적이 있는 나무를 찾아야 하고, 나무를 찾은 다음에는 애벌레가 다치지 않도록 조심스럽게 나무를 쪼개야 하기 때문이다. 다 자란 사슴벌레를 채집하는 것도 어렵기는 마찬가지다. 왜냐하면 사슴벌레는 주로 밤에 활동하는 곤충이라서, 낮에 사슴벌레를 찾는 일은 전문가가 아니면 힘들기 때문이다.

갑옷을 입은 곤충?
딱딱한 갑옷(등껍질)을 입고 있는 곤충을 딱정벌레라고 한다. 딱정벌레의 갑옷은 앞날개가 단단하게 변해서 생긴 것인데, 이 단단한 딱지날개 덕분에 몸을 잘 보호할 수 있어서 곤충의 40퍼센트를 차지할 정도로 그 종류와 숫자가 제일 많다.

그래서 나도 친구들처럼 넓적사슴벌레를 분양받아 키우기로 했다. 사슴벌레를 키우려면 사육통과 *곤충용 톱밥, 놀이나무와 먹이 접시, 곤충 젤리(먹이) 등이 필요하다. 우선 사육통에 곤충용 톱밥을 촉촉하게 물을 축여 깔아 준 뒤, 그 위에 놀이나무와 먹이를 넣어 주면 된다. 사슴벌레를 키우다가 습기가 부족한 것 같으면 분무기로 톱밥 위에 촉촉하게 물을 뿌려 주면 된다.

놀이나무는 사슴벌레가 뒤집어졌을 때 잡고 일어날 수 있도록 해 주고, 사슴벌레의 발톱과 발목마디를 튼튼하게 해 주기 때문에 반드시 있어야 한다. 특히 사슴벌레의 암컷은 썩은 참나무를 뚫고 들어가서 그 속에 알을 낳는 습성이 있기 때문에, 놀이나무로나, 산란목으로나 적당히 썩은 참나무를 넣어 주는 게 가장

 곤충 채집법

준비물 : 곤충도감, 포충망(곤충망), 채집통, 돋보기, 핀셋, 손전등, 비닐주머니, 관찰 노트, 필기구, 장갑, 구급약, 빈 유리병, 카메라 등등

① 포충망으로 잡는다
② 밤에는 불빛을 이용한다.
③ 나무에 곤충들이 좋아하는 음식을 바르거나 걸어 놓고 꾀어 낸다.
④ 유리병에 먹이를 넣고 땅에 묻은 뒤 함정에 빠지기를 기다린다.
⑤ 나무를 차고 흔들어서 떨어지는 걸 잡는다
⑥ 뜰채를 이용해 물가나 물속에서도 채집한다.

좋다. 하지만 썩은 참나무를 구하는 일은 생각보다 너무 힘들었다. 그래서 그냥 비슷한 나무를 찾아 넣어 주었다.

사슴벌레를 키울 때는 주의할 점이 또 하나 있다. 사슴벌레는 한 사육통에 수컷을 여러 마리 넣어서 키우면 안 된다. 짝짓기를 할 때도 수컷은 한 마리만 넣어 주는 게 좋다. 수컷이 많으면 싸우느라 바빠 짝짓기를 못하기 때문이다. 사슴벌레 애벌레도 한 사육통에 한 마리씩 넣고 키워야 한다. 애벌레도 서로 싸우다가 죽을 수 있기 때문이다.

곤충용 톱밥이 뭐지?
곤충용 톱밥은 여러 곤충 전문점에서 만들어 팔고 있다. 자연 상태에서 애벌레가 썩은 참나무를 먹고 자라는 것을 보고 생각한 사육 방법으로, 애벌레를 안전하게 키울 수 있으며 비용이 저렴한 것이 장점이다.

사슴벌레에 물렸을 땐 어떻게 하지?

물과 먹이를 주려고 사육통을 열 때마다 사슴벌레와 한바탕 소동을 벌여야 한다. 내가 사육통을 열 때마다 귀신같이 어디론가 숨어 버리기 때문이다.

요놈, 주인도 몰라보다니!

오늘도 아니나 다를까, 먹이를 주려고 사육통을 여는 순간 젤리 통에 머리를 박고 있던 넓적사슴벌레 수컷이 먹이구 옆으로 후다닥 숨어 버렸다.

"이미 다 봤다. 요 녀석아, 너는 주인도 못 알아보냐!"

하면서 먹이구를 치우고 사슴벌레를 들어 보았다. 사슴벌레는 다리와 턱을 버둥거리며 도망가려고 했다. 워낙 다리 힘이 좋아서 떨어뜨리지 않기 위해 엄지손가락과 집게손가락에 힘을 주어 잡아야 했다. 나는 나무 막대 하나를 집어서 사슴벌레를 옮겨 놓고 장난을 쳤다.

어느새 아빠가 오셔서 손을 내밀자 사슴벌레는 순식간에 아빠

 사슴벌레가 먹이 먹는 법

사슴벌레가 참나무 진을 먹는 방법은 독특하다. 입으로 핥거나 빨아 먹는 게 아니라 혀를 대고 스펀지처럼 먹이를 빨아들인다. 농도 차이에 따라 액체가 이동하는 *삼투압 현상을 이용하는 거다. 혀를 내밀어 참나무 진에 대고 있으면 저절로 입 안에 빨려 올라온다.

손으로 옮겨 갔다. 그런데 그때, 갑자기 아빠의 비명 소리가 들렸다.

"아야! 재진아, 어떻게 좀 해 봐!"

사슴벌레가 집게발로 아빠 손을 꽉 물고 있는 게 아닌가? 아빠는 사슴벌레를 떼어 내려고 애썼지만 쉽게 떨어지지 않았다. 녀석이 발톱을 세워 아주 단단히 붙잡고 있었기 때문이다. 그놈도 무지 놀란 모양이다.

나는 당황하지 않고 아빠 손 쪽으로 나무 막대를 내밀어 사슴벌레가 옮겨 가도록 했다. 사슴벌레는 금세 나무 쪽으로 움직였다.

"아빠! 사슴벌레에게 물렸을 때 당황해서 억지로 빼내려 하면 더 꽉 물어요. 그때는 그냥 손을 가만히 땅에다 내려놓거나 나무 막대기 같은 것을 대 주면 사슴벌레가 알아서 옮겨 가요!"

아빠는 자랑스러운 표정으로 나를 쳐다보셨다.

삼투압 현상이 뭐지?
농도가 다른 두 액체를 반투막으로 막아 놓았을 때, 농도가 낮은 쪽에서 농도가 높은 쪽으로 옮겨 가는 현상을 말한다.

싸움 대장 사슴벌레

사슴벌레는 자주 싸운다. 특히 사슴벌레의 큰턱은 싸울 때 강력한 무기가 된다. 사슴벌레 수컷은 먹을 것을 빼앗기 위해, 암컷을 차지하기 위해 서로 턱으로 물기도 하고 몸통을 집어 내던지기도 한다. 이 모습은 마치 우리나라의 씨름을 보는 것 같아 참 재미있다. 하지만 싸움은 금세 끝나 버린다. 싸움에서 진 녀석은 먹이도, 암컷도 깨끗이 포기하고 달아나 버리기 때문이다.

암컷들도 알을 낳을 좋은 장소를 두고 힘겨루기를 한다. 수컷처럼 큰턱이 없는 암컷은 작은 턱으로 수컷보다 더 치열하게 오랫동안 싸운다. 새끼가 안전하게 자랄 수 있도록 좋은 환경을 만들어 주려는 엄마의 사랑이 느껴진다.

덤벼 볼 테냐?

곤충의 먹이

❶ 초식성 곤충
풀과 나뭇잎을 먹는 곤충들을 말한다. 메뚜기와 잎벌레, 자벌레, 대벌레 등이 대표적인 초식성 곤충이다. 꽃의 꿀을 빨아먹는 나비와 벌, 나무의 수액을 즐겨 먹는 매미와 장수풍뎅이, 소똥을 맛있게 먹어 치우는 쇠똥구리도 초식성 곤충이다.

❷ 육식성 곤충
다른 곤충이나 작은 동물을 사냥해서 먹고 사는 곤충들을 말한다. 사마귀, 길앞잡이, 물방개, 소금쟁이 등이 대표적인 육식성 곤충이다. 올챙이나 송사리를 사냥해서 즙을 빨아 먹는 물장군, 모기와 하루살이를 낚아채 잡아먹는 잠자리, 꿀벌의 애벌레를 납치해서 에너지를 보충하는 장수말벌도 육식성 곤충이다.

❸ 잡식성 곤충
초식이든 육식이든 가리지 않고 닥치는 대로 먹어 치우는 곤충들을 말한다. 이것저것 다 잘 먹기 때문에 살아남는 데 매우 유리하다. 대표적인 곤충으로 개미가 있다. 개미는 열매의 씨앗, 곤충의 시체, 지렁이, 사탕, 과자 등 눈에 보이는 건 전부 먹이 창고로 옮겨 겨울 동안 먹고 살 식량을 마련해 둔다.

재진이의 관찰일기

4월 22일

넓적사슴벌레 암, 수 2마리를 사육통에 넣고 곤충 젤리와 과일을 먹이로 넣어주었다.

분양받은 넓적사슴벌레

6월 15일

먹이는 잘 먹고 있는데 아직 2마리 다 따로따로 나와서 먹는다. 혹시 내가 모르는 사이에 짝짓기를 한 건 아닐까? 밤에 활동하기 때문에 잘 모르겠다. 톱밥 속에 날파리가 생겼다.

6월 17일

사슴벌레의 우화(번데기가 날개 있는 어른벌레가 되는 것)가 시작되었다!

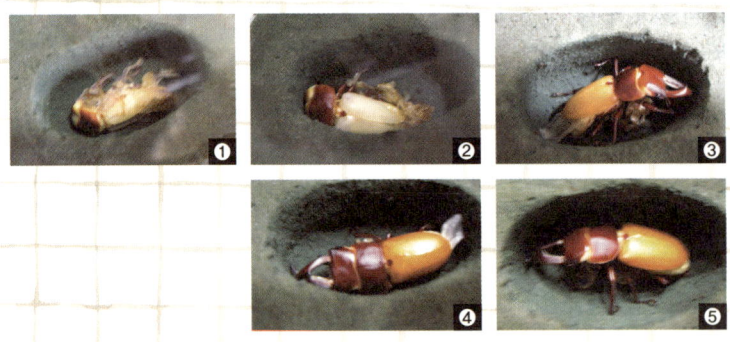

사슴벌레의 우화 과정

❶ 반 정도 허물을 벗음. 우화를 시작한 지 15분 경과.
❷ 허물을 거의 다 벗음. 다리가 자유로워짐. 30분 경과.
❸ 몸을 세우고 날개를 펴서 말림. 2시간 경과.
❹ 날개를 접어서 넣음. 머리를 쭉 펴서 턱이 일자로 됨. 3시간 20분 경과.
❺ 날개를 모두 접음. 몸을 이리저리 움직이며 말림. 총 5시간 30분 걸림.

7월 26일

오후 9시경 동생이 짝짓기 하는 모습 포착! 수컷이 암컷을 뒤에서 꼭 붙잡고 2~3시간 정도 짝짓기를 했다. 알을 많이 낳았으면 좋겠다.

8월 19일

드디어 알 발견! 쏟아 보고 싶은데, 애벌레가 보일 때까지 참아야 한다고 한다. 알들아! 빨리 자라다오!

1령 애벌레

8월 30일

조그만 1령 애벌레가 보였다. 알 6개, 애벌레 13마리가 발견되었다. 너무 귀엽고 예쁜 애벌레들이었다. 하나하나 따로 사육통에 넣었다.
넓적사슴벌레야, 수고했어!

톱밥 속 사슴벌레

튼튼한 뿔이 멋있는 장수풍뎅이

장수풍뎅이도 따뜻한 봄이 그리웠는지

따뜻한 봄이 오면 항상 떠오르는 기억이 있다. 처음 장수풍뎅이를 분양받아 길렀을 때의 일이다. 친구들과 밖에서 놀다가 들어와 사육통을 열어 본 나는 너무나 깜짝 놀라 소리를 질렀다. 장수풍뎅이 암컷이 벌러덩 죽은 채 누워 있는 게 아닌가! 너무 황당하기도 했지만, 이내 장수풍뎅이에게 미안한 마음이 들었다. 얼마나 나오려고 발버둥쳤을까? 나는 그것도 모르고 신나게 놀기만 했는데…….

지구에 사는 모든 식물과 동물은 자기가 살아가는 데 꼭 필요한 *생체 시계를 갖고 있다고 한다. 생체 시계란 곤충들도 주위의 온도, 환경에 따라서 일정하게 하는 일이 있다는 거다. 예를 들면, 봄이 되면 장수풍뎅이가 땅속에서 위로 올라오는 것, 때가 되면 짝짓기를 하는 것, 겨울잠을 자는 것 등이다.

그런데 아주 가끔씩 시간을 착각하는 곤충이나 식물들도 있다고 한다. 아직 쌀쌀한 겨울인데 개나리꽃이 활짝 핀 경우처럼 말이다. 개나리는 벌써 봄이 왔는 줄 알았겠지? 하긴, 점점 날씨가 변덕이 심해지고 있는 건 사실이니까. 우리 집 장수풍뎅이도 아마 집 안 온도가 따뜻해서 봄인 줄 알고 미리 나왔다가 끔찍한 일을 당한 것 같다.

원래대로라면 이맘때 장수풍뎅이 애벌레들은 3*령으로 겨울을

생체 시계가 뭐지?
우리의 몸 안에도 생체 시계가 있다. 내가 의도하지 않았는데 저절로 특정 시간대에 잠에서 깨는 경우, 어느 시간이 지나면 자지 않으려고 해도 졸린 경우처럼 말이다. 이런 현상이 바로 각자의 생체 시계에 따른 것이다.

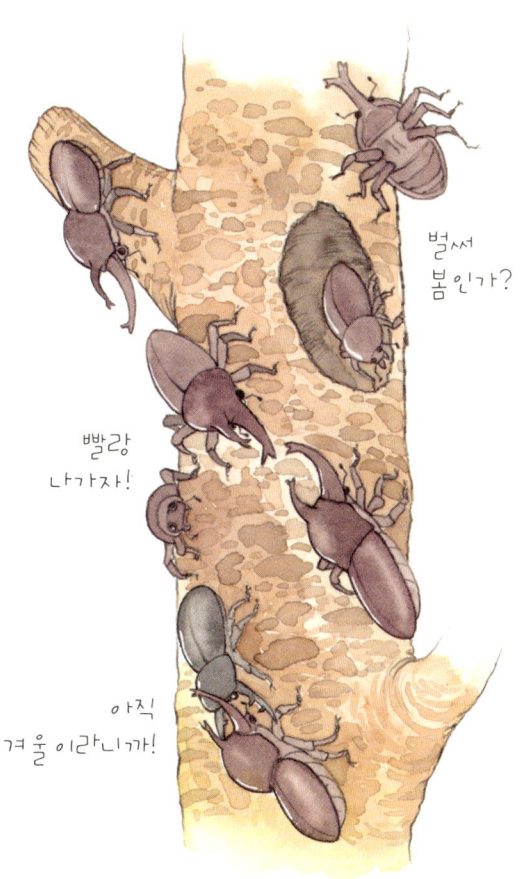

벌써 봄인가?
빨랑 나가자!
아직 겨울이라니까!

나야 하기 때문에 열심히 먹기만 한다. 자기 몸의 몇 배나 되는 양을 먹어 치우기 때문에 똥도 무지 많이 싼다. 똥을 치우고 톱밥을 통 가득히 채워 줘야 *번데기 방도 제대로 지을 수 있다.

장수풍뎅이는 번데기 방을 세로로 비스듬히 짓기 때문에 톱밥을 높이 넣어 주어야 한다. 몸 색깔이 노랗게 변하면 번데기가 될 때가 얼마 남지 않았다는 신호다. 번데기 방을 짓는 모양이 보이면 통을 너무 심하게 흔들지 않도록 조심해야 한다. 잘못하면 번데기 방이 망가질 수도 있기 때문이다. 톱밥을 새로 넣어 줄 때는 모두 바꾸어 주지 말고 반 정도만 갈아 줘야 갑자기 죽는 애벌레가 생기는 것을 막을 수 있다. 이렇게 하면 애벌레가 긴긴 겨울을 잘 보내고 멋진 어른벌레가 될 것이다.

멋진 성충이 된 장수풍뎅이

슬픈 마음을 뒤로하고 장수풍뎅이 애벌레를 다시 분양받아 기르기 시작했다. 사육통에 곤충용 톱밥을 촉촉하게 물을 축여 깔아 준 뒤, 그 위에 놀이나무와 먹이를 넣어 주었다.

그러던 어느 날, 학교에서 돌아와 보니 동생이 기다렸다는 듯 소리치며 달려왔다.
"형! 사육통에서 바스락거리는 소리가 계속 나!"
"그래? 벌써 어른벌레가 되었나?"

나는 동생과 함께 사육통에 귀를 기울이면서 장수풍뎅이의 움직임을 살폈다. 눈에 띄는 움직임은 없었지만, 조금 있으니 또 바스락 소리가 났다. 한 군데가 아니라 여기저기서 바스락 바스락 소리가 나기 시작했다. 조심스럽게 뚜껑을 열어 보았더니 멋진 뿔을 가진 어른벌레로 자란 장수풍뎅이가 보였다. 녀석은 뚜껑 속에 있는 스펀지를 모두 물어뜯어 놓고 뚜껑에 매달려 있었다. 와우! 정말 장군처럼 씩씩하고 튼튼한 모습이었다.

이번에도 동생이 아니었으면 또 한 번 대참사가 일어날 뻔했다. 녀석들이 한동안 너무 조용해서 사육통을 쏟으려고 한 적이 있는데, 나중에 보

령이 뭐지?
애벌레가 허물을 벗을 때마다 이것을 나이로 표시하는데, 갓 깨어난 애벌레는 1령이다. 장수풍뎅이 애벌레는 2번 허물벗기를 해서 3령 애벌레로 겨울을 보낸다.

번데기 방이 궁금해!
애벌레가 번데기가 되고 어른벌레가 되기 전까지 자기 몸을 보호하기 위해서 만드는 방을 말한다. 애벌레는 배설물과 침으로 톱밥 안에 동그란 방을 만드는데, 그 안에서 번데기가 되고 나중에 어른벌레가 되어 나온다.

니 번데기 방을 만드는 시기였다. 그때 동생이 말리지 않았으면…… 어휴, 생각만 해도 끔찍하다.

우화에 성공한 암컷 장수풍뎅이 3마리는 위풍당당하게 톱밥 속에 들어앉아 있었다. 딱딱한 등딱지가 반짝반짝 빛이 나는 것이 힘도 세고 건강해 보였다.

나는 사육통을 하나 새로 가져와서 분무기로 톱밥에 물을 축여 다시 깔고, 놀이나무와 곤충 젤리를 넣었다. 그리고 어른이 된 녀석들을 새로운 집으로 옮겨 주었다. 이제 어른이 되었으니 먹는 양도 배가 되었을 텐데, 녀석들은 새로운 환경이 낯선지 선뜻 먹이를 먹지 않았다. 물론, 시간이 지나자 녀석들은 다시 먹보로 돌아왔지만.

 번데기 방이 망가졌다면?

장수풍뎅이를 기르다가 흔히 하는 실수가 바로 번데기 방을 망가뜨리는 것이다. 장수풍뎅이가 톱밥 안에서 번데기 방을 만들어 웅크리고 있는데, 죽은 것으로 착각해 톱밥을 쏟았다가 번데기 방을 망가뜨리는 것이다.
이럴 때는 번데기 방을 다시 만들면 된다. 꽃집에서 파는 오아시스를 사다가 인공 번데기 방을 만드는 것이다. 방의 크기는 망가뜨린 방의 크기와 비슷하게 만드는데, 꼭 번데기보다 커야 한다. 방을 만들 때는 세로로 길게 세워 만든다.

천연기념물 장수풍뎅이

몸집이 크고 뿔이 멋있는 장수풍뎅이는 사실 천연기념물로 지정되어 일반 사람들이 키울 수 없을 뻔했다고 한다. 다행스럽게도 사육 농장에서 길러 내는 데 성공하여 누구나 키울 수 있게 된 거다.

자연 생태계를 파괴하는 사람들 때문에 곤충들의 수가 급격히 줄어드는가 하면, 또 그것을 보호하고 가꾸려는 사람들 때문에 곤충들의 수가 늘어나고 있다. 앞으로는 자연을 지키고 가꾸는 사람들이 많아져서 더 이상 멸종되는 곤충도, 천연기념물로 지정되는 곤충도 없었으면 좋겠다.

뚜껑이
있어야 해!

곤충고수(?)가 되기까지

성충이 된 장수풍뎅이를 기를 때 첫 번째로 주의할 점은 달아나지 못하도록 뚜껑을 잘 덮었는지 확인하는 일이다. 처음 장수풍뎅이를 분양받았을 때는 잘 키워 보리라 마음먹고 수분 조절을 위해 물도 뿌려 주고 젤리도 넣어 주고 열심히 관찰일기도 썼다. 그런데 다른 곤충을 키울 때와 달리 장수풍뎅이를 관찰할 때는 여러 번 고비를 넘겨야 했다. 뚜껑을 잘 닫아야 한다는 교훈을 얻는 데도 희생이 따랐다.

그러던 어느 날 저녁, 장수풍뎅이가 짝짓기 하는 모습을 보게 되었다. 너무 신기해서 열심히 쳐다보았는데 왠지 더 이상 보면 안 될 것 같은 생각이 들었다. *짝짓기를 하는 데는 무려 3시간이나 걸렸다.

짝짓기가 끝난 뒤, 나는 '조금만 지나면 알을 낳겠지.' 하는 마음에 스트레스를 주지 않으려고 장난도 치지 않고, 먹이도 열심히 주면서 기다렸다. 그런데 아무리 지켜보아도 수컷만 눈에 띄지, 암컷은 보이지 않았다. 처음에는 암컷은 밤에만 나와서 먹이를 먹나 보다고 생각했기 때문에 별 신경을 쓰지 않았다.

그렇게 한 달이 지나고 또 한 달이 지날 무렵이었다. 어느 날 갑자기 수컷 장수풍뎅이가 먹지도 않고 힘이 하나도 없이 기어 다니더니 죽어 버리는 게 아닌가! 어른벌레가 된 뒤 몇 개월밖에 살지 못하고 하늘나라로 떠난 것이다.

나는 더 이상 참지 못하고 사육통을 쏟아 보기로 했다. 신문지를 펼쳐 놓고 톱밥을 쏟아서 조금씩 옮기면서 살펴보는데, 이상하게 알도 애벌레도 보이지 않았다. 죽었다면 딱딱한 껍질이라도 나와야 할 것 아닌가? 그 당시에는 너무 답답하고 당황스러웠다. 나중에 어른벌레가 된 암컷 장수풍뎅이가 사육통을 탈출한 것을 알았다. 신발장을 옮기는데 그 밑에서 말라서 죽은 암컷 장수풍뎅이가 나온 것이다.

짝짓기가 궁금해!
어른벌레가 된 곤충이 하는 일 중 가장 중요한 것이 바로 짝짓기다. 짝짓기를 통해 후손을 남길 수 있기 때문이다. 동물의 세계에서는 암컷을 차지하기 위해 수컷들이 수많은 경쟁을 벌인다.

이런 일을 겪은 뒤, 나는 곤충을 키우면서 하나씩 차근차근 공부해 나가기로 마음먹었다. 처음에는 살아 있는 것을 책임지고 키운다는 것이 굉장한 부담스럽고 어떻게 해야 할지 막막할 것이다. 하지만 하나씩 차근차근 배워 나가다 보면 이것들이 쌓이고 쌓여 누구나 곤충 고수가 될 수 있을 것이다.

 장수풍뎅이 암수 구별법

장수풍뎅이는 1, 2령 때 암수를 구분하기 무척 어렵다. 그러나 3령 정도 되면 암수 구별이 가능한 표시가 나타난다. 보통 애벌레의 끝 부분에서 2마디 정도에 우윳빛 v자 표시가 보이면 수컷이다. 또 수컷은 번데기 때부터 뿔이 불쑥 나와 있다.

곤충의 한살이

곤충은 대부분 알 → 애벌레 → 번데기 → 어른벌레의 과정을 거치며 자란다. 이 과정을 곤충의 한살이라고 한다.

❶ 알

곤충은 대부분 알에서 깨어난다. 알 속에서 애벌레의 모양을 갖출 때까지 성장하다가 세상으로 나오는 것이다. 다른 동물들처럼 곤충도 자기 힘으로 알의 껍질을 깨고 나와야 한다. 어른이 되기 위해 겪는 첫 번째 고통인 셈이다. 곤충의 알은 타원형과 원형이 가장 많다.

❷ 애벌레

애벌레가 된 곤충들은 대부분 열심히 먹고 자면서 쑥쑥 자라난다. 식물의 잎이나 줄기, 썩은 물질, 동물 등 여러 먹이를 먹는데, 이 시기에 충분히 먹어 둬야 번데기가 될 수 있다. 보통 애벌레와 어른벌레일 때 먹이의 종류가 다른데, 불완전탈바꿈을 하는 곤충들은 번데기를 거치지 않기 때문에 어른벌레와 식성이 비슷한 경우가 많다.

❸ 번데기

번데기는 완전탈바꿈을 하는 곤충에서만 볼 수 있다. 번데기 상태일 때는 움직이지도, 먹지도 않는다. 곤충들은 번데기 상태로 지내기 위해 적당한 장소를 찾는다. 고치를 만들어 그 안에서 번데기가 되기도 하고, 천적의 눈에 띄지 않는 곳에 숨어 번데기가 되기도 한다. 번데기 과정을 거치지 않는 곤충들은 허물을 계속 벗으며 어른벌레로 성장한다.

재진이의 관찰일기

3월 25일

장수풍뎅이 암, 수 2마리를 사육통에 넣고 곤충 젤리와 과일을 먹이로 넣어 주었다.

다정한 장수풍뎅이 부부

4월 18일

오후 10시경에 짝짓기를 시작했다. 2~3시간가량 걸렸다.

장수풍뎅이의 짝짓기

5월 16일

알과 애벌레를 발견했다. 모두 23마리나 된다. 조그만 1령 애벌레도 보였는데, 모두 1마리씩 따로 애벌레 사육통에 담았다. 어른벌레로 쑥쑥 자라나렴!

알에서 3령 애벌레가 되기까지

6월 25일

수컷 장수풍뎅이가 죽었다. 바람이 잘 통하는 그늘에 다리를 양쪽 대칭이 되게 해서 말렸다. 표본을 만들기 위해서다.

번데기 허물　　　　　수컷 번데기　　　　　암컷 번데기

7월 10일

암컷 장수풍뎅이도 죽었다. 이제 남은 것은 알과 애벌레들뿐이다. 애벌레는 3령 애벌레로 자라났다.

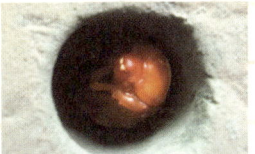  

인공 번데기 방　　　　수컷 번데기 방　　　멋진 수컷 장수풍뎅이

신기하고 놀라운 곤충의 세계로~

만화보다 재미있는 곤충 키우기

우리 가족은 나 못지않게 곤충 관찰하기를 좋아한다. 할머니도 곤충 키우는 것을 좋아하셔서 옛 이야기를 잠깐씩 하시곤 한다.

"예전에는 뒷산에서 흔하게 보고 갖고 놀았다", "어디서 구해다가 그런 걸 집에서 기르냐" 등등. 예전에는 어디서나 흔하게 곤충을 보고 관찰할 수 있었다고 하셨다.

정말 옛날에는 곤충이 그렇게 많았을까? 타임머신이 있다면 꼭 돌아가 보고 싶다. 곤충이 많았던 그때로 말이다. 그나마 다행인 건 우리 집이 곤충을 많이 키운다는 사실이다.

곤충은 나에게 애완견과 같은 존재이다. 활동을 잘 하지 않는 겨울에도 조금만 귀를 기울이면 곤충이 살아 움직이는 소리를 들을 수 있다.

물론, 곤충에 따라서 내는 소리가 조금씩 다르다.

곤충을 키우다 보면 웃지 못할 에피소드가 많이 생기곤 한다. 자다가 이상한 소리가 나서 도둑이 들어왔나 싶어 벌떡 일어나기도 하고, 아침에 일어나 거실 바닥이나 소파 위에 뒤집어져 있는 곤충을 보곤 깜짝 놀라기도 한다. 괴상하게 들리는 소리를 찾아 가족들이 귀를 기울이며 집 안 구석구석을 돌아다닌 적도 있다.

요즈음 가장 많이 듣는 소리는 "뿌드드득 드 드득"이다. 애벌레가 사육통이나 푸딩컵을 턱으로 박박 긁는 소리다. 2령, 3령 애벌레로 성장하면서 톱밥을 먹다가 통에 부딪치거나 번데기방을 짓기 위해서 두드려 보다가 소리를 내는 것이다. 이는 톱밥 속에 살고 있어 잘 보이지 않는 애벌레들이 건강하게 살아 있다는 결정적 증거라고 할 수 있다. 어떤 녀석들은 소리뿐만

어디, 뚫어 볼까?

아니라 구멍도 뚫어 놓는다. 애벌레들이 변화하는 모습을 보는 재미는 만화책을 보는 것보다 더 재미있다. 이제 뿌드드득 소리가 나면 안심이 된다. 녀석들이 한창 열심히 움직이고 있다는 증거니까.

곤충의 겨울나기

나는 겨울이 싫다. 좀 더 정확하게 말하면 눈이 내리는 것만 빼고 겨울이 싫다. 왜냐하면 내가 좋아하는 곤충들이 알을 낳고 죽거나 모두 숨어 버리기 때문이다.

곤충들은 어떻게 추운 겨울이 오는 것을 아는 걸까? 곤충들은 낮의 길이가 짧아지는 것으로 겨울이 다가오는 것을 알 수 있다고 한다. 곤충들은 *변온 동물이라서 겨울이 되면 땅속이나 나뭇가지, 나무껍질 속이나 바위 밑처럼 온도 변화가 적은 곳에서 알이나 애벌레, 번데기, 어른벌레로 겨울을 난다.

집에서 우리 가족 모두 여름 내내 먹이를 주며 키우던 왕사마

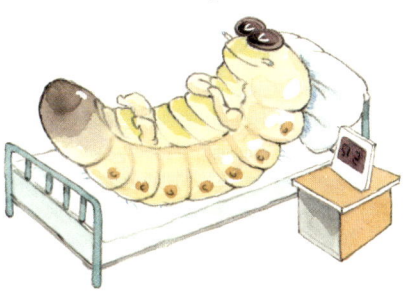

귀는 며칠 전 밤 9시부터 3시간에 걸쳐 알을 낳고 사흘 만에 죽고 말았다. 인근 주말농장에서 자주 만나는 호랑나비, 배추흰나비는 번데기로, 무당벌레와 노린재는 수십 마리가 함께 모여 어른벌레로 겨울을 난다.

반면 내가 제일 좋아하는 장수풍뎅이와 사슴벌레는 여름에 알 23개와 20개를 낳았는데, 이 알들은 어느새 귀여운 애벌레가 되어 겨울로 접어드는 날씨에도 똥 잘 싸며 무럭무럭 크고 있다.

가만히 살펴보면 살아 있는 모든 것들은 추위를 이기는 '자신만의 비결'을 갖고 있는 듯하다.

변온 동물이 뭐지?
체온을 조절하는 능력이 없어서 바깥 온도에 따라 체온이 변하는 동물을 말한다. 추운 겨울에는 체온이 많이 내려가 생활할 수 없으므로 주로 겨울잠을 잔다. 무척추동물이나 어류, 양서류, 파충류 따위가 여기에 속한다.

곤충의 겨울나기

- **어른벌레로 겨울나기** : 무당벌레, 노린재, 꿀벌
- **알로 겨울나기** : 메뚜기, 사마귀
- **애벌레로 겨울나기** : 매미, 수노랑나비
- **번데기로 겨울나기** : 호랑나비, 배추흰나비, 도롱이나방, 사향제비나비

섬서구메뚜기 관찰

지난해 가을, 나는 왕사마귀를 키우느라 시간이 나는 대로 곤충을 잡아야 했다. 사마귀들은 죽은 곤충은 절대로 먹지 않기 때문에 알을 낳을 때까지는 할 수 없이 먹이를 잡아다 줘야 했던 것이다.

아파트 주변에서 주로 잡은 곤충은 잠자리, 매미, 나비, 섬서구메뚜기 등이었다. 그 가운데 섬서구메뚜기가 제일 잡기 쉬웠다. 나는 이참에 섬서구메뚜기를 길러 보기로 마음먹었다. 섬서구메뚜기는 풀잎을 먹으니까 먹이도 구하기 쉬웠다. 왕사마귀 덕분에 섬서구메뚜기 관찰도 하게 된 것이다.

우선 사육통에 흙을 넣고 작은 잡초를 몇 개 심은 뒤, 잡아 온 섬서메뚜기를 넣었다. 얼마 뒤 자세히 보니 큰 메뚜기 위에 작은 메뚜기들이 올라가 있는 게 아닌가? 알고 보니 배의 끝

부분을 맞대고 짝짓기를 하는 중이었다.

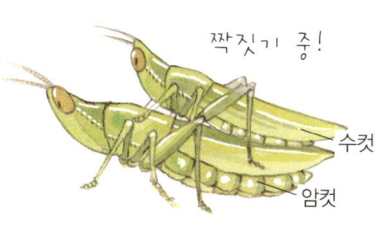

메뚜기는 암컷이 수컷보다 훨씬 커서 짝짓기 하는 모습이 마치 엄마 등에 아기를 업은 것 같다. 생사의 갈림길에서도 곤충들의 종족 번식 의지는 나를 놀라게 했다.

잘 먹는 풀 잎사귀를 주면서 관찰하기를 며칠, 짝짓기를 끝낸 암컷은 이리저리 뛰어다니며 엉덩이로 땅을 파기 시작했다. 배 끝에 달려 있는 *산란관을 벌렸다 오므렸다 하면서 땅을 파더니, 마침내 알 낳을 곳을 정했는지 더 이상 땅을 파지 않았다. 그리고 하나의 구멍 속에 주황색 거품과 함께 알을 낳았다. 알을 낳을 때 푹신한 거품도 함께 만드는 건 알들이 더욱 따뜻하게 지낼 수 있게 하려는 것이다. 알의 크기는 0.5mm도 안 되어 보였다. 거품과 알이 섞여 있어서 알이 몇 개인지 셀 수도 없었다.

산란관이 궁금해!
곤충의 배 끝에 있는 알을 낳기 위한 기관을 말한다. 벌, 모기, 메뚜기 따위에 있는데, 알을 낳는 형태에 따라 그 모양이 다르다.

그러던 어느 날, 동생이 방 안으로 뛰어 들어오며 소리쳤다.

"형! 거실에 뭔가 조그만 게 팔딱팔딱 뛰어다녀!"

동생의 말에 거실 바닥에 엎드려 잘 살펴보았다. 와! 그것은 놀랍게도 2mm 정도밖에 안 되는, 알에서 깨어난 섬서구메뚜기였다. 알 낳은 사육통을 방심하고 거실에 놓아두었더니 그사이 알에서 깨어난 녀석들이 사육통 뚜껑 사이로 모두 빠져나온 것이다. 벌써 몇 마리는 밟혀서 바닥에 붙어 있었다. 그날 우리 가족은 하루 종일 바닥에 엎드려 섬서구메뚜기를 찾아야 했다. 하지만 너무 몸집이 작은 탓에 모두 찾는 것은 실패하고 말았다. 이렇게 해서 섬서구메뚜기의 관찰도 여기서 끝나고 말았다.

이렇듯 곤충 관찰이 항상 성공적으로 진행되는 건 아니다. 하지만 집에서 여러 종류의 곤충을 키우다 보면 책에서 읽은 것과는 비교도 할 수 없는 놀라운 생명의 신비와 자연의 이치를 알 수 있다. 이것은 결국, 사람과 동물이 어떻게 함께 살아가느냐를 일깨워 주는 소중한 교훈이 되곤 한다. 곤충을 관찰하는 일은 그래서 의미 있다.

섬서구메뚜기의 특징

- 섬서구메뚜기는 불완전변태 곤충이다.
- 몸길이 3~5cm로, 암컷이 수컷보다 크다.
- 뒷다리가 잘 발달해서 높이 뛰어오를 수 있다.
- 추운 겨울에는 알 상태로 지내며, 주로 논밭이나 풀밭에서 볼 수 있다. 우리 집처럼 산이 있는 동네에서는 쉽게 볼 수 있다.
- 거미나 사마귀, 개구리, 까치 등이 천적이다.

섬서구메뚜기의 모습

섬서구메뚜기의 짝짓기

- 섬서구메뚜기는 메뚜기나 그 밖에 베짱이, 여치 등과 생긴 모습이 다르다. 옆의 그림으로 비교해 보자.

섬서구메뚜기   메뚜기

베짱이   여치

재진이의 곤충노트

꽃무지

애벌레

음식점 마당 큰나무 아래에서 땅을 파다 꽃무지 애벌레 발견. 집에 가지고 와서 푸딩컵 속에 곤충 톱밥을 넣고 담아 놓았다.

꽃무지 애벌레

허물벗기

두 차례 허물벗기를 하며 쑥쑥 커 나간다.

번데기와 허물

애벌레가 벗어 놓은 허물

번데기

흙을 쏟아 보니 동글동글 콩알 같은 덩어리가 나온다. 바로 번데기 방이다. 뾰족한 쪽을 살살 파 보니 번데기가 보인다.

번데기 방

번데기

우화

날개돋이를 시작했다.

어른벌레로 우화

어른벌레

드디어 어른벌레가 되었다. 점박이꽃무지였다.
너무 귀엽다. 특히 더듬이가 예쁘다.
꽃을 꺾어서 물병에 꽂아 통 안에 넣어 주었다.

다 자란 점박이꽃무지

다정한 꽃무지 부부

재진이의 곤충노트

누에

알

약 1mm 크기로 타원 모양이다. 산란 뒤 2일간은 노란색을 띠지만 점점 흑갈색으로 변한다.

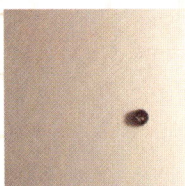
누에나방 알

개미누에

알에서 개미누에가 나왔다. 5령 말기가 되면 먹는 것을 멈추고 입에서 실을 토하면서 고치를 만든다.

알에서 나오는 개미누에

3령 누에의 탈피

고치

크기 3~4cm, 무게 2.5g 정도. 완전한 고치가 되는 데는 60시간이나 걸린다. 70시간이 지나면 번데기가 된다.

고치짓기

누에 고치 아파트

나방

4~5일 정도 산다. 실을 얻기 위해 사육하면서 입이 퇴화되어 먹을 수도 없고, 날 수도 없게 되었다.

누에나방

짝짓기

암나방은 향기샘으로 숫나방을 꾀어 내어 수시간 동안 짝짓기를 한다.

알 낳기

짝짓기 뒤 그날 저녁에 알을 낳기 시작해 밤 사이에 알을 모두 낳았다. 500개 정도의 알을 낳는다. 알에서 누에로 자라 나방이 되어 죽기까지 40일 정도가 걸린다.

알 낳는 누에나방

누에나방과 알

재진이의 곤충노트

사마귀

생김새

몸길이 60~85mm로 몸집이 큰 편이다. 몸빛깔은 대부분 녹색이고 진한 갈색이나 연한 갈색도 있다. 더듬이가 다른 곤충보다 길다. 번데기 과정을 거치지 않고 어른벌레가 되는 불완전변태를 한다.

사마귀의 모습

먹이

날아서 먹이를 잡으러 다니지 못하는 사마귀는 곤충들이 다가올 만한 곳에 눌러앉아 꼼짝 않고 기다린다. 곤충들이 미처 사마귀를 못 보고 다가오면 잽싸게 낚아채 산 채로 먹는다. 주로 거미나 곤충들을 사냥한다.

사냥 중인 사마귀

짝짓기

짝짓기를 마친 암컷은 짝짓기 한 수컷까지 잡아먹으며 알을 낳는 데 필요한 영양을 보충한다. 70시간이 지나면 번데기가 된다.

짝짓기 모습

알 낳기

사마귀는 알의 상태에서 겨울을 나기 때문에 거품으로 알집을 만들어서 알을 보호한다. 알집 안에는 공기가 들어가서 추운 겨울에도 살아남을 수 있다. 보통 알집 안에는 40~200개의 알이 들어 있다.

사마귀의 알집